LA PROPRIÉTÉ PHOTOGRAPHIQUE

ET LA LOI FRANÇAISE

PAR

E. BULLOZ

suivie d'une

ÉTUDE COMPARÉE DES LÉGISLATIONS ÉTRANGÈRES

SUR

LA PHOTOGRAPHIE

PAR

A. DARRAS

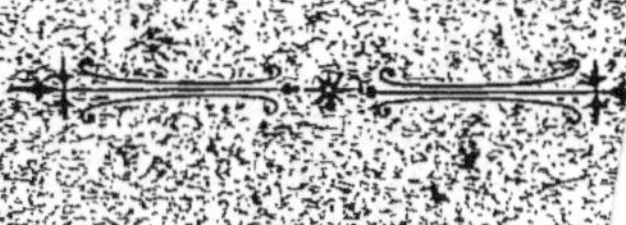

PARIS,

GAUTHIER-VILLARS ET FILS, IMPRIMEURS-LIBRAIRES,

ÉDITEURS DE LA BIBLIOTHÈQUE PHOTOGRAPHIQUE,

Quai des Grands-Augustins, 55.

1890

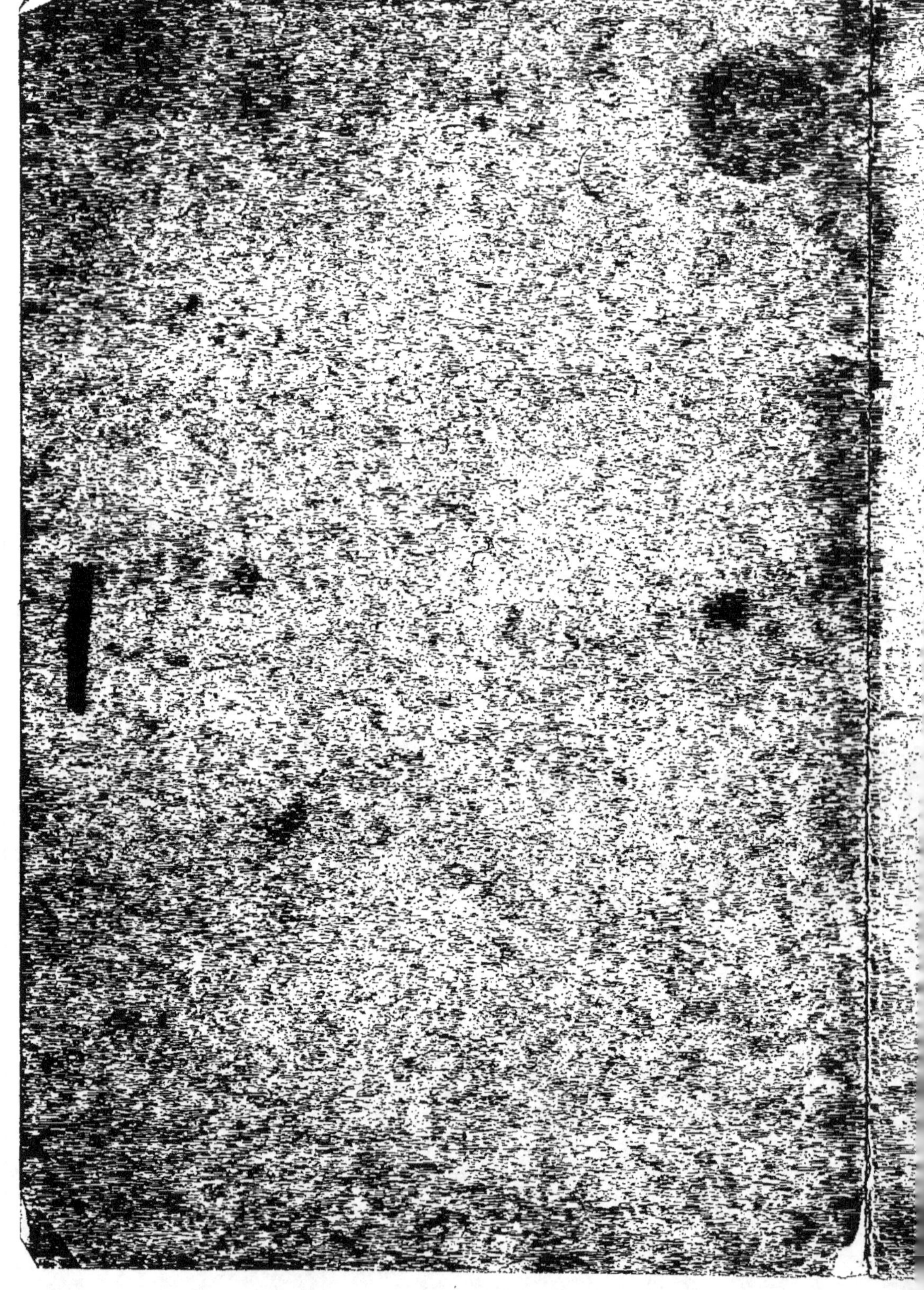

La loi de 1793, dans l'impossibilité où était le législateur de prévoir toutes les découvertes futures, avait soin de proclamer d'une façon générale qu'à l'avenir seraient protégées « toutes les productions du génie et de l'esprit. »

Aussi, lorsqu'un demi-siècle plus tard la photographie à ses débuts dut pour la première fois défendre ses droits devant les tribunaux, n'eut-elle qu'à invoquer le principe général de la loi de 1793. C'était pourtant alors un art bien modeste, ses résultats encore très imparfaits prêtaient facilement à la contradiction ; aussi eut-elle d'abord à lutter contre bien des préventions, à vaincre bien des résistances. Les juges eux-mêmes hésitaient, il y avait divergence dans leurs arrêts, la Cour de Paris (1) statuait dans un sens, la Cour de Bordeaux (2) dans un autre.

Cependant, peu à peu, la photographie obtenait sa place ; Lamartine, le plus ardent de ses adversaires, avait fait amende honorable en reconnaissant à la photographie le caractère de création artistique, la jurisprudence s'établissait.

Tour à tour les jurisconsultes les plus éminents avaient conclu en faveur de la protection de la photographie et il est permis de dire que depuis vingt ans les photographes pouvaient travailler avec tranquillité à perfectionner leurs œuvres, sûrs de rencontrer l'appui incontesté de la loi.

Résultat plus précieux encore, la photographie, art français par sa naissance et par ses progrès, avait appris à se faire respecter à l'étranger. Toutes les conventions internationales depuis 1881 comme d'ailleurs toutes les lois étrangères depuis 1876 ont expressément étendu leur garantie à la photographie ; nous verrons tout à l'heure de quelle façon.

Aujourd'hui la photographie est partout, c'est elle qui reproduit les chefs-d'œuvre des Maîtres, qui illustre les ouvrages d'art et de science, elle est devenue l'auxiliaire du médecin, du juge, du peintre, du voyageur, de l'astronome.

---

(1) Paris, 12 juin 1863, affaire Mayer et Pierson, Pataille, 63, 225.
(2) Bordeaux, 29 février 1864, Mousquet, Pataille, 64, 133.

Il y a plus de 50.000 personnes qui vivent de la photographie en France, c'est par millions que la France en exporte les produits.

C'est à ce moment précis où elle commence à prendre tout son développement, où tout le monde doit reconnaître la beauté de ses productions, où demain peut-être la convention avec l'Amérique serait pour les photographies françaises une conquête inestimable, c'est à ce moment qu'elle est menacée de perdre tout à coup en France l'appui de la loi (1).

C'est toute cette population laborieuse qui peut être atteinte demain dans ses moyens d'existence, ce sont toutes les grandes entreprises de vulgarisation artistiques commencées à l'abri de la loi de 1793 qui sont condamnées à périr par un projet de loi sur la Propriété Artistique présenté à la Chambre, projet dont la rédaction première comprenait elle-même les œuvres photographiques parmi celles à protéger.

Pourquoi cette exclusion injustifiable ?

La photographie a le droit d'être protégée car elle est incontestablement une création personnelle. Les instruments interviennent dans l'exécution de l'œuvre comme dans tous les arts graphiques mais la conception a dû précéder et l'esprit a conduit l'exécution.

Nous citons à la fin de ces pages les nombreux arrêts qui ont reconnu ce fait indéniable.

Quant aux exemples, ils peuvent s'en donner par milliers, ne reconnait-on pas certaines photographies de prime abord à leur cachet personnel ; le même homme, le même tableau, le même site reproduit par tout le monde ne prend-il pas tout à coup un aspect différent, plus vivant, plus vrai, plus artistique lorsque tel ou tel photographe le refait à nouveau.

Pourquoi, si ce n'est parce que ce photographe a choisi l'heure, l'éclairage, le point exact pour reproduire ce paysage, parce qu'il s'est arrangé pour y observer les grandes règles de la composition, distribuant les plans, y plaçant au besoin un homme, un cheval, un arbre renversé.

Pour faire un portrait, il a dû étudier son modèle, le placer dans la position qui lui est le plus favorable, l'éclai-

---

(1) Toute cette richesse passera à l'étranger qui a su en protéger les sources si la France abandonne les siennes au pillage.

rer d'en haut, d'en bas, de côté, à jour frisant, avec des lumières reflétées pour atténuer une ombre, adoucir un passage, etc.

Et pour la photographie des œuvres d'art ? Donnez le même tableau à reproduire à vingt photographes et si vous distinguez le travail de l'un d'entre eux, c'est parce que celui-là aura étudié trente ans la facture des maîtres du pinceau pour savoir qu'un Velasquez ne se photographie pas comme un Rembrandt, un primitif italien comme un petit maître hollandais, parce qu'il saura qu'on ne reproduit pas avec la même lumière les hardiesses de brosse d'un Franz Hals, les transparences d'un Corot ou la facture précieuse d'un Metzu.

Ce caractère de création personnelle que peut acquérir une œuvre photographique, c'est tout ce que nous revendiquons. Il n'y a là nulle question de sentiment, les photographes ne réclament pas leur assimilation aux maîtres de la peinture, aucun d'eux ne songe à demander à la loi de le déclarer l'égal de Baudry ou de Cabanel.

Ce qu'ils veulent, c'est la protection due au travail de chacun, quel que soit son mérite ; les gendarmes protègent aussi bien sur une grande route un millionnaire en déplacement avec ses valeurs, qu'un pauvre diable de colporteur avec son ballot.

Dans l'impossibilité de déterminer le point précis où commence le mérite artistique, la loi de 1793, comme le ferait du reste la loi proposée, reconnaît le caractère d'œuvres artistiques au moindre trait de crayon, à une caricature, aux prospectus, aux images d'Epinal, aux en-têtes de factures, aux illustrations de la modeste « Cuisinière Bourgeoise », etc. Dès lors pourquoi apporter un changement radical à la jurisprudence qui protégeait jusqu'à maintenant les œuvres photographiques.

En 1879, M. Bardoux, dans un projet de loi sur la Propriété Artistique resté du reste sans effet, prononçait la même exclusion de la photographie. Savez-vous par qui son maintien a été demandé ? La pétition réclamant la protection des œuvres photographiques est signée de Baudry, de Bouguereau, de Bonnat, d'Hébert, de Cabanel. On y voit figurer côte à côte les noms de Charles Blanc, Puvis de Chavannes, Robert Fleury, Carolus Duran, Falguière, Guillaume, Chaplin, Lefebvre, Gérôme, etc., etc.

Une nouvelle protestation des artistes contre l'exclusion de la photographie de la loi Philippon est adressée à la Chambre ; elle est signée de Bonnat, Bouguereau, J. Breton, Puvis de Chavannes, Dagnan, etc.

Pourquoi les artistes ont-ils ainsi protesté en faveur de la photographie ? C'est qu'ils ont senti que la photographie sans défense, c'était la porte ouverte à la contrefaçon de leurs œuvres. Alors que depuis vingt ans la propriété artistique a fait des progrès énormes, grâce aux conventions internationales et surtout à l'Union de Berne dans tous les pays qui acceptent la protection des œuvres photographiques, elle est au contraire restée presque illusoire dans les autres contrées où il est très difficile à un peintre de tirer de son œuvre le légitime bénéfice auquel il a droit.

Tandis que d'une part il est exposé à se voir dépouiller de documents qu'il a amassés par la photographie pour son usage personnel, il est en butte, de l'autre, à tous les contrefacteurs industriels qui défigurent l'œuvre enfantée par son génie et cela grâce aux reproductions photographiques librement pillées.

N'est-il pas tel grand artiste actuel qui emmène toujours dans ses lointains voyages un photographe chargé d'exécuter des clichés d'étude sous sa direction. L'épreuve ainsi composée, arrangée par lui, ne lui sera-t-elle pas un document personnel et n'est-ce pas une atteinte à sa propriété que de s'en emparer (1)?

D'ailleurs, en présence des noms illustres que nous venons de citer, l'argument sentimental qui montre les artistes outragés de se voir protégés par la même loi que les photographes tombe de lui-même et montre que l'opposition ne viendrait pas à coup sûr de ceux qui n'ont rien à craindre du rapprochement.

Jamais un artiste véritable ne pourra le redouter.

Comme le disait naguère si éloquemment le Directeur des Beaux-Arts, M. Larroumet : « Les photographes « peuvent faire œuvre d'artistes en choisissant parmi ce « que la nature nous offre, en présentant les aspects des « choses avec cette intelligence du beau et du vrai qui est « la règle et l'inspiration de tout art. Dans l'infinie variété « des êtres, il en est peu que l'art ne puisse élever jusqu'à « lui : c'est affaire de disposition et d'arrangement, d'har- « monie dans les attitudes, d'équilibre dans la distribution « de l'ombre et de la lumière. Celui d'entre eux qui ne « possèderait pas ces qualités, ne serait qu'un vulgaire « praticien et si elles manquent aux artistes, ils ne sont

---

(1) Si la loi protégeait seulement l'œuvre finale de l'artiste, les documents ne lui appartiendraient pas du jour où ils seraient photographiés, ils seraient à tous qu'ils aient été égarés, volés, etc.

« plus que des copistes serviles de la réalité et comparables
« à de médiocres photographes sauf la précision et la vérité
« dont le photographe ne saurait se passer. »

Il n'y a du reste dans la question d'assimilation des
photographes aux peintres, qu'une question de mots comme
nous le disions tout à l'heure :

Actuellement les photographes ne peuvent être protégés
par aucune autre loi, pas plus par celle de 1844 qui ne vise
que les inventions brevetées, que par la loi de 1806 qui
concerne seulement les *dessins de fabrique* destinés à la
décoration et les *modèles industriels* qui doivent modifier
la forme et non l'aspect des objets, seule la loi sur la propriété artistique peut les défendre sans dire pour cela : les
photographes sont des artistes, mais en les protégeant au
même titre qu'à côté des grands maîtres de la peinture, elle
protège les dessinateurs, les colorieurs, les verriers, les
imagiers, etc.

Leur enlever ce droit, c'est les mettre à la merci de
tous les contrefacteurs, c'est tuer justement parmi eux tous
ceux qui ont le sentiment artistique, c'est décourager et
ruiner ceux qui travaillaient à élever la valeur de la photographie, à en faire un merveilleux instrument d'ensei-
gnement.

Comment, voilà un homme qui rapporte de lointains
voyages des épreuves photographiques dont il est allé faire
les clichés au péril de sa vie, en Afrique, en Sibérie, dans
le Thibet, etc. Il fonde de grandes espérances sur la publication de cet ouvrage qui va le dédommager un peu, il

---

Il ne faut même pas se figurer que les progrès survenus dans la photographie comme facilité, rapidité, etc., aient changé les conditions de travail.
Si la besogne est devenue plus aisée et plus agréable pour un amateur, les
difficultés pour obtenir un résultat sérieux sont restées les mêmes pour un
professionnel. Il y a quelques jours à peine, un photographe de Paris était
à Bruges pour reproduire la châsse de sainte Ursule. Ce n'était pourtant
que trois ou quatre clichés à faire, il lui a fallu cependant construire un
local spécial, négocier avec l'administration des hospices, payer 500 fr.,
puis attendre dix jours le beau temps.

On ne se fait pas assez l'idée, dans le public, de la valeur d'un cliché
ainsi obtenu. Laissant de côté la question de justice, il faut aussi consi-
dérer le capital dépensé pour une publication. Pour éditer le Musée de
Saint-Pétersbourg, la même Maison d'édition a envoyé de Paris sept personnes pendant quatre mois en Russie. Les frais d'établissement des clichés
seuls ont dépassé 100.000 fr. Il y en a 400, chacun d'eux représente
250 fr. et sur ces 400 il y en 20 qui se vendront, les autres sont des documents pour le public très restreint qui se livre aux études d'art. Ce sont
donc les 20 qui doivent couvrir les frais. Qu'arrivera-t-il si les contrefacteurs choisissent tout simplement les sujets dont le succès se dessine ?
Nous donnons plus loin au sujet de la législation allemande un exemple du
pillage qui s'établirait de suite.

trouve un éditeur qui partage les risques de cette publication, mais dès que le premier exemplaire aura été mis en vente, un passant pourra l'acheter, l'emporter, le reproduire et en faire une édition concurrente ! ! Un graveur sur bois établira en huit jours cinquante planches dans son atelier et sans frais, sans risques, il viendra prendre à l'auteur le fruit de son travail.

Bien plus il serait protégé lui, graveur, dans sa contre-façon !

Il y a quatre ans, un photographe très connu ayant remarqué que toutes les vues prises jusqu'à ce jour d'un site célèbre de la Suisse n'étaient pas satisfaisantes, ne s'arrangeaient pas bien et manquaient toujours d'air, obtint du Gouvernement fédéral l'autorisation d'abattre des sapins et d'établir un pont volant sur le lac. Après mille tâtonnements et difficultés il y parvint et put choisir le point de vue exact qu'il désirait, mais il fallut encore attendre quinze jours une lumière favorable. Est-il admissible que ce cliché qui lui a coûté tant de peines, qui ne peut être semblable à aucun autre, puisque tout y a été combiné, jusqu'à la barque qui traverse le lac, ne constitue pas sa propriété(1) ?

En Sicile, il y a en ce moment un photographe qui va plus loin encore ; très épris d'archéologie, il a recherché tous les documents sur la vie antique, il a reconstitué des costumes, des accessoires, puis il a commencé une série de tableaux grecs dans le décor même de Paestum ou de Sélinonte. C'est un berger de Virgile qui joue de la flûte de Pan sur une colonne ruinée, c'est une jeune fille en tunique plissée portant une amphore sur l'épaule qui remonte de la Fontaine Aréthuse, etc. Il n'y a pas à juger le plus ou moins de mérite artistique que présentent ces compositions, mais il est incontestable qu'il y a là tous les éléments d'une création des arts du dessin.

Pour l'exécuter, le photographe a employé son appareil, c'est vrai, mais, du point de départ qui a été la recherche de ce qu'il voulait produire jusqu'à l'épreuve finale terminée, il a pu successivement modifier son travail pour l'amener le mieux possible au résultat qu'il a conçu.

---

(1) Un simple portrait peut également représenter un capital considérable. Pour publier le portrait de Sarah Bernhardt dans un de ses derniers rôles, un photographe a dû fermer son atelier une journée, faire peindre des décors, exécuter des accessoires, etc., et faire *180 clichés différents*. Sur ce nombre, il y en a eu 16 de publiés, dont 2 seulement se vendent. Est-il admissible que ces deux soient librement pillés ?

« Comme dans tous les arts graphiques, le résultat peut
« être mauvais, médiocre, détestable, mais il a été modi-
« fiable dans la conception comme dans l'exécution. Il peut
« être recommencé, amélioré et cela par des moyens dépen-
« dant de l'exécutant, choix du sujet, du point d'où il donne
« l'ensemble cherché, des types, du costume, du paysage,
« choix des dimensions des personnages dans le sujet, de
« l'éclairage. Cet ensemble forme la conception.

« Pour l'exécution, nous avons l'influence du temps de
« pose, le développement qui a la plus grande analogie avec
« la morsure à l'eau forte plus ou moins bien menée d'une
« planche gravée, les modifications totales ou partielles du
« cliché, les retouches, les soins apportés à l'intensité, à la
« coloration, à la disposition de l'épreuve positive, par con-
« séquent tout concourt à obtenir une exécution répondant
« à la conception première. Sans doute il y a de bons et de
« mauvais photographes comme il y a de bons et de mauvais
« dessinateurs, mais la loi les protège ou les protègera tous.
« (Davanne).

Mais il est inutile, je crois, d'insister davantage sur le
caractère intellectuel de l'opération photographique, les
preuves et les exemples en fourmillent.

Il resterait encore à traiter tout un côté de la question de
protection légale pour démontrer que non seulement les
œuvres photographiques ont le droit de rentrer dans la propriété artistique, mais encore qu'il est impossible de les en
séparer.

Je n'en dirai qu'un mot pour abréger.

Avec les progrès réalisés ces dernières années, la photographie est désormais enchevêtrée dans tous les autres arts
du dessin. Elle se rattache notamment à la gravure par cette
chaîne à maillons non interrompus qui s'appellent la photogravure, la photolithographie, etc.

Voilà une superbe planche de photogravure qui reproduit tel ou tel chef-d'œuvre de Musée. La planche de cuivre
mordue par les mêmes procédés que ceux de la gravure est
l'œuvre réunie d'un photographe et d'un graveur, quelle y a
été la part de chacun ? Les photogravures étant reprises au
burin, retouchées, où commencera la protection si elle ne
s'étend qu'à la gravure seule, quel tribunal décidera la dose
de retouche qui les sacrera gravures. Sera-ce un cinquième,

un quart, ou 5o °/₀ comme pour les étoffes laine et coton. Où trouver un juge pour déterminer la valeur artistique de la retouche faite par le photograveur lui-même (1) ?

Je m'arrête, il faudrait un volume pour donner d'autres exemples et citer tous les témoignages en faveur de la protection des œuvres photographiques, A. Rendu, Pouillet, Numa-Droz, Sauvel (2), Charles Blanc, Saint-Victor, etc.

En résumé, les photographes défendus actuellement par la loi de 1793 ne demandent que son maintien. Ils ont en effet le droit de protester énergiquement contre le déni de justice qui consisterait à leur retirer tout à coup, sans raison, sans motif, au mépris des droits acquis et au seul bénéfice des contrefaçons étrangères, la protection dûe à leur travail.

Si cependant une nouvelle loi doit remplacer celle du 19 juillet 1893, elle doit comprendre comme elle *toutes les productions du génie ou de l'esprit humain.*

J.-E. BULLOZ.

---

(1) Cela amènerait en outre un mélange inextricable de propriétés. Un livre semblable aux derniers grands ouvrages parus sur la céramique, les arts au moyen-âge, etc., comprendrait des gravures à l'eau-forte protégées comme œuvres d'art, des dessins coloriés assimilés à des œuvres d'art et des héliogravures non protégées. On pourrait contrefaire le tiers du volume, les deux autres tiers étant protégés l'un de droit, l'autre par analogie.

(2) Lire la très remarquable étude de M. Edouard Sauvel *Des œuvres photographiques et de leur protection légale* à laquelle on peut renvoyer ceux qui voudront étudier à fond la question.

LA PHOTOGRAPHIE.

La Proposition Philippon jugée au point de vue de la législation comparée et du droit international.

En France, les photographies françaises sont protégées, à l'heure actuelle, dans certaines conditions que M. Bulloz a parfaitement exposées au cours de la précédente étude. M. Philippon, après avoir, à juste raison, placé les photographies parmi les œuvres garanties, veut actuellement supprimer l'assimilation qu'il avait faite entre celles-ci et les œuvres d'art, dans l'article 25 de la proposition de loi qu'il a déposée en novembre 1889 sur le bureau de la Chambre des députés. (1)

Notre intention serait de montrer, dans un rapide examen des législations étrangères, que la plupart d'entre elles réalisent une assimilation complète entre les œuvres de la photographie et les autres productions du domaine artistique; et que si, dans quelques pays, qui protègent d'ailleurs la photographie, on a voulu poser à son égard des règles spéciales, ce procédé irrationnel entraîne une véritable confusion et aboutit à une spoliation législative de droits qui auraient dû être reconnus au profit des photographes.

Les pays dans lesquels les œuvres de la photographie jouissent du même traitement que celui adopté pour les autres œuvres artistiques sont notamment les États dont la liste suit :

Espagne (Art. 1ᵉʳ de la loi du 10 janvier 1879 combiné avec l'art. 1ᵉʳ du règlement en date du 3 septembre 1880). Ch. Lyon-Caen et P. Delalain, *Lois françaises et étrangères sur la propriété littéraire et artistique*, t. 1ᵉʳ, p. 229.

États-Unis d'Amérique (Statuts révisés, art. 4952) (2). Ch. Lyon-Caen et P. Delalain, t. 2, page 107.

---

(1) Ce même député, dans la législature précédente, avait aussi déposé une « proposition de loi sur la propriété littéraire et artistique » (29 mai 1886). L'article 24 de cette proposition plaçait les photographies au bénéfice des lois sur la protection des œuvres littéraires et artistiques.

(2) Cour de circuit des États-Unis, district sud de New-York, 20 décembre 1888, *Journal de droit international privé*, 1889, p. 906.

Grande Bretagne (25 et 26 vict., c. 68, s. 1, loi du 29 juillet 1862) (1). Ch. Lyon-Caen et P. Delalain, t. 1er, p. 310 et suiv.

Mexique (Art. 1306 du code civil de 1871). Ch. Lyon-Caen et P. Delalain, t. 2, page 140.

Principauté de Monaco (Ordonnance souveraine du 27 février 1889, art. 2). Ch. Lyon-Caen et P. Delalain, t. 1er, p. 423.

Russie (Règlement sur la Censure et la Presse, édition de 1886, art. 33). Ch. Lyon-Caen et P. Delalain, t. 1er, p. 498.

Royaume d'Hawaï (Loi du 23 juin 1888, art. 1er). Ch. Lyon-Caen et P. Delalain, t. 2, p. 199.

A l'égard de ces divers pays, il ne saurait y avoir de difficultés, puisque l'assimilation est écrite d'une manière expresse dans les textes que nous avons cités; au regard de certains Etats, la situation n'est plus aussi nette. C'est ainsi qu'à raison du silence de la loi du 19 octobre 1846, on discute sur le traitement qu'il y a lieu de faire en Autriche aux productions de la photographie. V. *Juristische Blätter*, 1885, n. 28 et 29; 1889, n. 32 et 33; Ch. Lyon-Caen et P. Delalain, t. 1er, p. XLIII.

Quoiqu'il en soit de ce débat, il est manifeste que l'opinion publique est favorable, dans ce pays, aux revendications des photographes; notamment, dans sa réunion du 1er août 1884, l'assemblée générale de l'association des libraires autrichiens a exprimé le vœu que l'on revisât le plus vite possible la loi du 19 octobre 1846 qui, encore à l'heure actuelle, régit en Autriche les droits des auteurs et des artistes sur leurs œuvres intellectuelles. « Il faut, a dit « l'assemblée, mettre la législation autrichienne au courant « des progrès artistiques accomplis depuis quarante ans, et « notamment résoudre par des textes les délicates questions « qui se rattachent à la photographie. » Chavegrin, *Journal du droit international privé*, 1886, p. 437.

En Belgique, la loi du 22 mars 1886 a réglé d'une manière remarquable tout ce qui concerne les droits des auteurs et des artistes; cependant, ce texte législatif ne renferme aucune mention expresse de la photographie; que faut-il conclure de ce silence? Certains ont prétendu que « la pro-

---

(1) Comp. Darras, *Du droit des auteurs et des artistes dans les rapports internationaux*, n. 320.

« tection des droits du photographe est régie par la légis-
« lation qui protège la propriété industrielle, c'est-à-dire la
« loi (française) du 18 mars 1806 et l'arrêté royal du 10 dé-
« cembre 1884, prescrivant les mesures d'exécution. »
Giesen, causerie faite à la conférence du jeune barreau
d'Anvers, *Journal des Tribunaux* (belges), 13 avril et
17 avril 1890. Il y a lieu de remarquer que cet auteur adopte
cette opinion à regret; c'est que, pour lui, à raison de la
nécessité du dépôt aux archives du Conseil des prudhommes,
c'est là « un système tracassier pour la photographie, peu
« praticable donc, et aggravé encore par le droit de dépôt à
« payer : un franc pour chaque année, dix francs pour la
« perpétuité. » On ne peut mettre en doute les bonnes intentions qui animent M. Giesen à l'égard des photographes;
cela étant, on peut s'étonner qu'il ait adopté une opinion qui
le condamnait à une manifestation purement platonique de
ses intentions. Il pouvait, il aurait dû décider que les œuvres
de la photographie sont protégées en vertu des dispositions
de la loi nouvelle V. Pandectes Belges, t. 33, v° *Droit
d'auteur*, n. 251 et 252 (Réfutation de l'opinion émise par
M. Giesen). Les termes généraux des art. 1er et 19 de la loi
imposent cette solution. On peut aussi argumenter du texte
de l'art 21. Nous avons tout lieu de croire d'ailleurs que
M. de Borchgrave, l'éloquent rapporteur de la loi de 1886,
partage cette manière de voir.

En Égypte, les droits des auteurs et des artistes ne sont
point protégés par un texte formel; il n'existe pas de loi sur
cette matière; néanmoins, en s'inspirant des principes de
l'équité, les tribunaux mixtes sont parvenus à les protéger
d'une manière complète ; or, précisément, à la date du
29 juin 1876, le tribunal d'Ismaïlia décidait que la « photo-
« graphie est une application de l'art et de la science dont
« les produits, suivant les principes généraux du droit,
« constituent la propriété de leur auteur. » Ch. Lyon-Caen
et P. Delalain, t. 2, p. 24 *ad notam.* Comp. dans la même
affaire, l'arrêt de la Cour d'appel d'Alexandrie (1er mars 1877)
eod. loc. p. 23 *in fine;* Darras, *loc. cit.* p. 18, note 1.

En Italie, les jurisconsultes prétendent que toutes les
photographies doivent être protégées, quelle que soit d'ailleurs leur valeur artistique « L'expression large et étendue
« de la loi italienne qui réserve les droits d'auteur, non seu-
« lement aux œuvres de l'art ou du génie, mais à toute
« œuvre de l'esprit *(opere dell'ingegno)*, aux plus sublimes
« comme aux plus médiocres, me paraît détruire toute ob-
« jection. » Rosmini, *Des droits d'auteur sur les œuvres*

de la photographie en Italie, le *Droit d'auteur* (organe offi-
ciel du bureau de l'Union internationale pour la protection
des œuvres littéraires et artistiques) n° du 15 février 1889 ;
Amar, *Dei diritti degli autori*, Turin, 1874, p. 217 ; Amar,
Dei diritti degli artisti, Turin, 1880, p. 92 ; Drago, *Com-
mento alla legge 25 giugno 1865*, Gênes, 1866, p. 126 et
suiv. ; Brogi, *In proposito della protezione legale sulle
fotografie*, Florence, Rome, 1885 ; *I Diritti d'Autore* 1883,
p. 3 ; 1886, p. 73 ; 1887, p. 47. Aussi, en avril 1886, le Ministre
de l'Industrie et du Commerce annonçait-il au président de
la Chambre de commerce de Florence que les photographies
pourraient dorénavent être admises à l'enregistrement : «...Je
« suis arrivé, disait le Ministre, à la conviction que, ni l'esprit,
« ni la lettre des dispositions contenues dans ladite loi (du
« 25 juin 1865 refondue dans celle du 10 septembre 1882)
« n'excluent de la catégorie des œuvres de l'esprit, de tels
« travaux dont la perfection... etc. » V. dans le *Droit
d'auteur*, *loc. cit.* la traduction de cette « interprétation
presque authentique » de la loi italienne. La jurisprudence
n'a pas admis cette manière de voir ; elle s'est arrogé le
droit d'apprécier le mérite artistique de l'œuvre et, tantôt
elle accorde, tantôt elle refuse la protection des lois. V. à ce
sujet : Turin, 25 octobre 1861, Pataille, 1862, p. 69 ; Naples,
2 août 1867, *Annalo*, 2, 121 ; Turin, 8 février 1868, la
Giurisprudenza, 1868, p. 6 et 241. ; Florence, 26 novembre 1870, *I Diritti d'Autore*, 1881, n°ˢ 1 et 2 ; cass. Turin,
17 juin 1875 et Rome, 17 juillet 1875, *Monit. dei tribunali*,
1875, 1165. Quoiqu'il en soit, la tendance des tribunaux
italiens est de plus en plus favorable aux légitimes revendications des photographes. Venise, 28 décembre 1882,
Rassegna di diritto commerciale 1883, p. 91, *Journal du
droit international privé*, 1885, p. 469 ; Venise, 19 mars
1887, *Journal du droit international privé*, 1888, p. 696 ;
Ch. Lyon-Caen et P. Delalain, t. 1ᵉʳ, p. 381, note 1. Dans
l'état actuel des textes, le système de la jurisprudence italienne ne paraît pas admissible ; en tout cas, il est certainement mauvais en théorie. Sur ce point d'ailleurs, M. Philippon
est du même avis que nous. « ...Celui qui, à coup sûr, est
« le plus insoutenable de tous, celui qu'il faut écarter à tout
« prix, parce qu'il remplacerait la justice par l'arbitraire,
« c'est le système qui laisse à la fantaisie ou au caprice du
« juge le soin de décider si telle photographie a ou n'a pas
« un caractère artistique. Qui ne voit qu'une pareille dispo-
« sition législative aboutirait nécessairement, dans la pra-
« tique, aux solutions les plus contradictoires, étant donné
« surtout que, ainsi que le déclare un arrêt de cassation que

« nous citons plus haut (1), il y a là une question de fait qui « échappe au contrôle de la Cour suprême. » *Proposition de loi déposée à la séance de la Chambre des députés du 29 mai 1886,* exposé des motifs, tirage à part, p. 107, *adde* p. 102.

Dans ces différents pays, la photographie est ou devrait être traitée à l'égal des autres œuvres artistiques. Dans d'autres, au contraire, ses produits sont considérés comme des productions artistiques d'un ordre inférieur et par suite sont garantis d'une manière moins complète que les tableaux, statues, gravures, etc. Les Etats dans lesquels on a adopté ce système sont les suivants :

Allemagne (Loi du 10 janvier 1876), Ch. Lyon-Caen et P. Delalain, t. 1ᵉʳ, p. 90 et suiv. — Hongrie (Loi du 4 mai 1884, art. 69 et suiv.), *op.* et *loc. cit*, t. 1ᵉʳ, p. 110. — Danemarck (Loi du 24 mars 1865), *op.* et *loc. cit.,* t. 1ᵉʳ, p. 197. — Japon (Ordonnance impériale n° 79 du 28 décembre 1887), *op.* et *loc. cit.,* t. 2, p. 15. — Norwège (Loi du 12 mai 1877), *op.* et *loc. cit.,* t. 1ᵉʳ, p. 452, — Finlande (Loi du 15 mars 1880, art. 17), *op.* et *loc. cit.,* t. 1ᵉʳ, p. 510. — Suisse (Loi du 23 avril 1883, art. 9), *op.* et *loc. cit.,* t. 1ᵉʳ, p. 541.

A l'exception de la loi suisse (art. 9), toutes ces lois ne garantissent les photographies que contre la reproduction mécanique dont elles peuvent être l'objet : (Allemagne, art. 1ᵉʳ et 3 ; Hongrie, art. 69 et 71 ; Japon, art. 8 ; Norwège, art. 1ᵉʳ ; Finlande, art. 17). Le droit exclusif se borne ainsi à interdire la copie photographique et le transport mécanique de la photographie sur une planche à tirage (2) d'après ces lois, il est donc permis, par exemple, de graver une photographie sans la permission de l'artiste qui jouit de droits privatifs sur cette œuvre (Allemagne, art. 8 ; Hongrie, art. 74).

Ces lois exigent, pour qu'il y ait protection, que certaines mentions figurent sur la photographie ou sur le carton ; celles-ci consistent généralement dans les noms ou domicile de l'auteur ou de l'éditeur et dans l'indication de l'année de la publication (Allemagne, art. 5 ; Hongrie, art. 69 ; Japon, art. 4 ; Norwège, art. 2 ; Finlande, art. 17).

---

(1) Cass. 28 mai 1862, Pataille, *Annales de la propriété industrielle,* 1869, p. 419.

(2) Il y a encore lieu de remarquer que, même dans ces conditions, parfois on ne répute point contrefaçon « la reproduction d'une œuvre photographique, quand cette reproduction se trouve associée à une œuvre d'industrie, de fabrique, d'atelier ou de manufacture. » Allemagne, art. 4 ; Hongrie, art. 73.

Quelques-unes de ces lois se montrent plus rigoureuses; elles exigent une réserve expresse du droit privatif (Danemarck, art. 1er).

En Norwège, la protection n'existe que si chaque exemplaire porte le mot cabalistique : *emberettiget* (Droit exclusif) (art. 2), comp. cependant pour les photographies étrangères les dispositions de l'art. 8.

Certaines de ces législations vont même plus loin encore dans cette voie; alors que, d'après elles, l'enregistrement n'existe pas ou est purement facultatif pour les autres œuvres intellectuelles, elles déclarent cette mesure obligatoire pour la sauvegarde du droit des photographes (Danemarck, art. 1er et instruction du 10 avril 1865; Japon, art. 3, dans ce pays, sont nécessaires le dépôt de deux exemplaires et celui d'une somme d'argent ; Suisse, art. 9.)

Joignez à cela que, dans ces pays dont la liste précède, les droits privatifs reconnus aux photographes ne subsistent que pendant un temps très court (5 ou 10 ans à partir de la publication des photographies : Allemagne, art. 6 ; Hongrie, art. 70; Danemarck, art. 1er ; Norwège, art. 3 (dans ce pays, ce droit si restreint ne passe même pas aux héritiers) ; Finlande, art. 5 ; Suisse, art. 9 d'une part. — Japon, art. 6, d'autre part.) et vous comprendrez que, dans ces Etats, la protection se réduit à des proportions dérisoires et constitue, le plus souvent, pour les intéressés, une source inépuisable de procès et de déceptions (V. Darras, *loc. cit.* n. 320). Il sera facile de l'établir. La photographie, avons-nous vu, n'est, dans ces divers pays, protégée que contre les reproductions mécaniques ; cette limitation dans les effets de la garantie manque de toute base rationnelle. Pourquoi distinguer entre les reproductions mécaniques et celles qui ne le sont pas ? — Pourquoi d'ailleurs les reproductions mécaniques sont-elles interdites ? N'est-ce point parce que pour prendre et tirer cette photographie, l'artiste a dû fournir un certain travail dont profite la Société et pour lequel la Société lui doit une certaine rémunération ? N'est-ce point parce que cette photographie porte la marque de sa personnalité ? S'il en est ainsi, pourquoi les graveurs, les peintres, les sculpteurs vont-ils pouvoir passer outre aux protestations des photographes, s'emparer selon leur bon plaisir du fruit de leurs travaux pour en fausser ou en dénaturer l'expression ? Le droit d'aînesse est banni de nos lois successorales ; nous ne pouvons pas imiter les lois d'origine allemande qui permettent aux peintres, aux sculpteurs, aux graveurs de dé pouiller les photographes qui, entrés après eux dans le monde artistique, auraient pourtant besoin d'une protection plus énergique ; c'est cependant le contraire qui arrive dans les pays dont la législation s'inspire de celle de l'Allemagne. Un peintre peut licitement, dans ces Etats, colorier un tableau dont le dessin lui est fourni par une photographie. Voici quel est le résultat, pour le photographe, de ce fâcheux état de choses : supposons que le peintre ou le sculpteur réussisse dans cette reproduction qui, pour n'être pas mécanique, n'en est pas moins servile ; le public doit être instinctivement porté à attribuer au peintre ou au sculpteur tout le mérite de l'œuvre ; il ne doit pas entrer facilement dans l'esprit des masses que les grands artistes n'ont pas eu la conception première du tableau ou de la statue qu'ils ont mis au jour ; pour le public, la photographie, art de reproduction, ne doit pas fournir à la peinture, à la sculpture, arts créateurs, les compositions dont celles-ci ne changeraient que le mode d'expression ; le photographe doit perdre alors, dans ces circonstances, tout l'honneur et le mérite de son invention ; peut-être est-il exposé à en perdre aussi tout le profit pécuniaire ; c'est qu'en effet, il nous paraîtrait bien difficile de ne pas reconnaître au peintre et au sculpteur, la faculté de faire faire par un tiers une photographie de leur tableau ou de leur statue ; cette reproduction, n'étant point tirée directement de la photographie originale, ne nous semble pas constituer une contrefaçon d'après les lois en vigueur dans les différents pays dont nous critiquons la législation.

Dans ce 1ᵉʳ cas, les peintres et les sculpteurs s'attribuent donc le profit moral et pécuniaire qu'ils volent aux photographes ; si, au contraire, ils ne parviennent à produire qu'un tableau ou qu'une statue médiocre, ce profit moral et pécuniaire disparaît pour le photographe sans que personne n'en recueille le bénéfice. C'est qu'en effet, par suite de cette disposition d'esprit inhérente aux masses que nous analysions tout à l'heure, on cessera alors d'acheter les reproductions photographiques d'un sujet dont le peintre ou le sculpteur n'a tiré qu'un tableau ou qu'une sculpture médiocre ; on sera toujours porté à croire que la photographie ne pourra que reproduire les imperfections de ce qu'à tort on considèrera comme l'œuvre originale. Comp. Darras, *loc. cit.*, n. 82 et suiv.

Les lois dont nous nous occupons subordonnent le droit des photographes à l'observation de certaines formalités ; on sait que l'un des plus grands progrès réalisés, en ces derniers temps, dans la protection des auteurs et des artistes, consiste en ce que, dans les législations internes ou dans les conventions internationales, on a cessé de faire dépendre leurs droits de l'observation ou de l'inobservation de certaines formalités inutiles, gênantes, parfois coûteuses et que l'on peut très facilement oublier de remplir. Cela étant, pourquoi maintenir l'ancienne pratique à l'égard des photographies ? Pourquoi exiger des intéressés qu'ils fassent une réserve expresse de leurs droits ? Depuis quand, les renonciations à des droits se présument-elles ? Ainsi qu'on l'a dit en une boutade bien connue, en aucun pays il n'est nécessaire d'inscrire sur son chapeau : ceci est à moi, et cependant, dans tous les Etats civilisés, celui qui prend le chapeau d'autrui est traité comme un voleur ; pourquoi laisserait-on subsister à l'encontre des photographes des mesures que l'on juge convenable de ne plus imposer aux autres producteurs intellectuels ?

Lorsqu'il se sera ainsi conformé à ces exigences qui pèsent sur lui seul, le photographe obtiendra une protection contre les seules reproductions mécaniques et cela pour un temps d'une durée infiniment moindre que celle octroyée aux autres artistes ; à ce point de vue, la législation allemande et celles qui s'en inspirent méritent encore les plus vives critiques ; sous ce rapport, il serait donc fâcheux que notre législateur suivent les errements des législateurs d'outre-Rhin. L'intérêt public exige que la protection des photographes soit d'une durée plus longue qu'elle ne l'est dans les pays dont nous venons de parler. Le tort de certaines personnes qui prétendent restreindre le droit des photographes dans ces étroites limites est de raisonner en ne s'occupant que des photographies sorties des appareils du praticien de la rue ; ces personnes ne se rendent pas un compte suffisamment exact des frais énormes que nécessitent la préparation et la publication des photographies qu'éditent les établissements de premier ordre que possède la France ; si la protection n'était que de courte durée, ces Maisons, jamais sûres du lendemain, devraient, pour se couvrir de ces avances considérables, vendre leurs produits à des prix très élevés ; tout au contraire, si leurs droits sont sauvegardés pour un plus long temps, elles peuvent écouler leurs photographies à un prix beaucoup plus bas, puisque jouissant, pour un plus long temps du droit exclusif de vente, elles demandent à un plus grand nombre d'acheteurs le remboursement des sommes qu'elles ont déboursées pour la mise en train. L'intérêt public, le désir de répandre le plus

possible les magnifiques produits de la photographie et de
développer ainsi le goût artistique du plus grand nombre
exigent donc que les œuvres de la photographie soient protégées aussi longtemps que le sont les œuvres de la littéra-
ture et de l'art. A un autre point de vue, on doit remarquer
que les productions de la photographie française occupent le
premier rang ; c'est que, grâce à la jurisprudence française,
elles sont garanties comme ne le sont celles d'aucun pays :
les Maisons françaises de photographie, comptant sur la
protection légale, ont employé des sommes considérables à
la recherche des meilleurs moyens de fabrication et de reproduction ; elles n'auraient certainement pas fait ces dé-
penses, elles n'auraient certainement pas réalisé ces progrès,
dont les heureux résultats se font sentir chaque jour pour
chacun de nous, si elles n'avaient pu espérer rentrer presque
sûrement dans leurs déboursés, grâce à un droit de vente
exclusif reconnu pendant un temps suffisamment long. En
restreignant dans les limites que l'on sait le droit des photographes, on rendrait impossible pour l'avenir la réalisation
de nouveaux progrès.

Cela étant, il est bien évident qu'aucun député ne
consentira à voter une disposition dont les conséquences
désastreuses ne tarderaient guère à se faire sentir sur le
développement de l'art photographique en France.

Pour terminer, nous ferons encore valoir certaines consi-
dérations d'ordre international qui peuvent être de nature à
faire une impression sérieuse sur l'esprit de nos représentants. A l'heure actuelle, étant donné que le caractère
d'œuvres artistiques n'est pas refusé en France aux œuvres
photographiques, il résulte d'une stipulation formelle du
traité de Berne (Protocole de clôture) que protection est pro-
mise en France, sous le bénéfice de la réciprocité, aux reproductions photographiques des artistes appartenant aux
pays de l'Union dans lesquels ces mêmes reproductions
sont considérées comme des œuvres d'art (V. Darras, *loc.
cit.* n, 475). Il en est donc ainsi dans nos rapports avec
l'Espagne, la Grande-Bretagne, la Principauté de Monaco,
la Belgique et l'Italie. Il est évident que toute protection
serait déniée à nos photographes, dans chacun de ces pays,
du jour où, en France, le caractère artistique cesserait d'être
reconnu aux productions de nos photographes et il en serait
naturellement ainsi du jour où on déclarerait vouloir protéger les photographies autrement que ne le sont les tableaux, les statues, etc. Sans doute, indépendamment du
traité d'Union, les droits de nos photographes sont assurés,

en vertu de conventions particulières, dans certains des pays dont il vient d'être parlé (1). Mais il y a lieu de faire à cet égard une observation de nature à bien montrer encore combien serait préjudiciable pour le respect des droits de nos compatriotes à l'étranger, toute innovation introduite en vue de restreindre, en France, les droits accordés à nos photographes. Chacun des articles indiqués à la note précédente contient, en effet, une formule générale analogue à la suivante : « l'expression « œuvres littéraires, scientifiques « ou artistiques » comprend les livres et, en général, toute « production quelconque du domaine littéraire, scientifique « ou artistique. » Cela étant, ne peut-on pas soutenir que pour être protégés en Belgique, en Espagne, en Italie, les photographes qui invoquent les dispositions des traités particuliers, doivent produire une œuvre qui, dans le pays d'origine, est considérée comme appartenant au domaine artistique ? (2) S'il en est ainsi, qui ne voit qu'en ne traitant pas sur un pied d'égalité les photographies et les autres œuvres artistiques, on renoncerait sans motif et sans compensation à une garantie que l'on est parvenue à obtenir que dans ces derniers temps et après des efforts longtemps stériles? Nos représentants ne voudront pas que nos photographes perdent à l'étranger des droits que l'on a eu tant de peine à faire consacrer.

Au moment où fut conclue la convention de 1881, la Suisse ne possédait pas encore de loi fédérale sur les droits intellectuels ; ainsi, dans nos relations avec cet Etat, la forme ordinaire des conventions a été modifiée; les articles du traité de 1881 sont divisés en deux catégories dont l'une (art. 1er à 16) renferme les mesures applicables en France, l'autre (art. 16 et suiv.) celles exécutoires en Suisse ; les articles qui composent cette dernière catégorie forment un tout complet, ayant une existence propre (3). Il résulte de la

---

(1) France et Belgique, traité du 31 octobre 1881, art. 1er, § 1. — M. Bozérian, rapporteur du projet devant le Sénat, disait même à ce sujet : « Les œuvres de la photographie sont assimilées aux œuvres de dessin, de « peinture : ces œuvres obtiennent pour la première fois leurs lettres de « naturalisation; du domaine industriel elles passent dans le domaine de « l'art. » *Annales de la propriété industrielle, littéraire et artistique*, 1882, p. 102. — V. dans le même sens, le rapport de M. Demeur, rapporteur de la section centrale (*eod. loc.* p. 95); France et Espagne, combinaison de la clause la plus favorisée (traité du 16 juin 1880, art. 6) avec la convention Hispano-Italienne du 28 juin 1880, art. 1er, § 2; France et Italie, traité du 9 juillet 1884, art. 1er, § 2.

(2) Comp. Darras, *loc. cit.*, n. 473 et 474.

(3) La promulgation de la loi fédérale du 23 avril 1883 n'a point diminué en Suisse les droits que les artistes français avaient acquis, grâce à la convention de 1881. V. Darras, *loc. cit.*, n. 254.

combinaison des art. 15 et 21 que nos compatriotes sont protégés en Suisse contre toute sorte de reproductions non autorisées pendant un long temps établi d'une manière préfixe. Par suite des circonstances spéciales au milieu desquelles fut conclu le traité de 1881, il semble bien que nos compatriotes continueraient à jouir, chez nos voisins, de ces mêmes avantages, alors même qu'en France ils cesseraient d'être protégés ainsi qu'ils le sont à l'heure actuelle. Cette situation ne serait-elle pas plus que bizarre, n'est-ce pas encore là un nouveau motif pour que nos représentants y regardent à deux fois avant de bouleverser sans motif un état de choses dont tout le monde est content, dont personne ne se plaint ?

Tout changement n'est pas nécessairement un progrès.

ALCIDE DARRAS.